Más Poder
a través del
Fruto
del
Espíritu Santo

UN BREVE ESTUDIO BÍBLICO

Guadalupe C. Casillas

Más Poder a través del Fruto del Espíritu Santo

Copyright © 2024 Guadalupe C. Casillas. Todos los derechos reservados. Prohibida la reproducción total o parcial de esta obra sin la debida autorización de la autora Guadalupe C. Casillas.

Título en inglés: More Power through the Fruit of the Holy Spirit © 2024, Guadalupe C. Casillas.

A no ser que sea indicado, todas las referencias fueron citadas de la siguiente version electrónica de la Biblia: La Santa Biblia, Nueva Traducción Viviente (NTV), © Tyndale House Foundation, 2010. Todos los derechos reservados.

La cita bíblica indicada es de la Versión Reina Valera Actualizada (RVR1960) © Sociedades Bíblicas en América Latina, 1960. Todos los derechos reservados.

Para obtener copias autografiadas de este libro, por favor póngase en contacto con:

Guadalupe C. Casillas

isaboutJesus@gmail.com

Portada artística: Red grape on the vine in the sunrise: © 2017, Gelner Tivadar, Stock photo ID:852641414. Todos los derechos reservados.

Editado por: Lawrence Dávila y Eduardo D. Casillas

ISBN: 978-1-7334610-5-4

Impreso en EE.UU.

Dedicado a mi Consejero, el maravilloso Espíritu Santo

Contenido

Instrucciones para líderes 2
Guía de estudio bíblico 4
Introducción. 6
El Fruto del Espíritu Santo 8
Lección 1 ~ Amor 13
Lección 2 ~ Gozo 19
Lección 3 ~ Paz. 27
Lección 4 ~ Paciencia 33
Lección 5 ~ Gentileza 39
Lección 6 ~ Bondad. 44
Lección 7 ~ Fidelidad 49
Lección 8 ~ Humildad. 54
Lección 9 ~ Control Propio 58
Reconocimiento. 66
Sobre la autora. 68

Instrucciones para líderes

Gracias por ofrecer tu tiempo a Dios en llevar a cabo este estudio. ¡Estoy orando por ti!

Si decides conducir este estudio bíblico durante los meses de verano, te recomiendo que escojas un lugar fijo donde reunirse, para que así los participantes sepan cada semana dónde va a ser el estudio. Asegúrate que los participantes traigan su Biblia, este libro de estudio, un diccionario, y un lapicero.

Este estudio es sencillo. Simplemente se trata de leer los pasajes de la Biblia, y discutir las preguntas indicadas durante el grupo. No se requiere tarea. Empieza la reunión con una oración, y también asegúrate de dedicar, los últimos quince minutos (por los menos) a las peticiones de oración. Ve a tu propio paso, y disfruta este estudio. Hay más información en las secciones de Guía de Estudio Bíblico, e Introducción.

Pídeles a las personas de tu grupo presentarse unos a los otros al empezar este estudio y cada vez que alguien nuevo llegue al grupo. Sugiéreles que compartan su nombre, donde nacieron, si son solteros o casados, y si tienen hijos o nietos.

Esto logrará que todos se sientan a gusto con las personas en el grupo, y que nuevas amistades se desarrollen.

También sería bueno planear un par de salidas de almuerzo, o picnics, con tu grupo. ¡Que se diviertan!

Mi oración es que este breve, y fácil estudio sea de mucha bendición para ti, y para tu grupo.

Guía de estudio bíblico

Querido líder, por favor lee esta sección en voz alta a tu grupo:

- Información compartida y peticiones de oración de carácter privado son estrictamente confidencial, y no serán divulgadas fuera del grupo.
- Siéntanse con libertad de hacer preguntas. Estamos aquí para aprender unos de los otros, y para crecer espiritualmente con la palabra de Dios.
- En caso de duda acerca de cualquier Escritura o temas que se discutan en este estudio, les recomiendo que primero consulten con Dios en oración y luego pidan consejo a sus líderes, pastores y mentores cristianos.
- Sean breves y específicos al solicitar oración, preferiblemente háganlo en una o dos frases. Esto permitirá que haya suficiente tiempo al final del estudio para orar por cada necesidad. Absténganse de dar consejos que no han sido solicitados y por favor respeten la privacidad de la persona que pide oración.
- Dado de que quizás somos de diferentes denominaciones cristianas e iglesias, vamos a respetar las opiniones y

creencias de los demás, usando la Biblia como nuestra guía principal de la verdad. Tampoco se discutirán temas de política durante el estudio bíblico.

- Por respeto a su anfitrión, se recomienda retirarse a la mayor brevedad al terminar el estudio bíblico. Si desean continuar la plática con alguien de su grupo, esto se puede llevar a cabo en otro lugar como ir a un café, por ejemplo.

Es mi oración que a través de este estudio se acerquen más a Dios y tengan una relación constante y más profunda con nuestro Señor Jesucristo. Que Dios derrame muchas bendiciones en sus vidas y en las de sus familiares.

En el amor de Cristo,

Guadalupe

Introducción

Este es un breve y sencillo estudio para cualquier temporada del año, pero fue diseñado para adaptarse durante los meses de verano, cuando la mayoría de los estudios bíblicos concluyen, y los grupos dejan de reunirse; o para las personas que deseen hacer un estudio un poco más corto, y fácil durante esa temporada. Cada capítulo se enfoca en un tópico diferente, y no requiere tarea de los participantes. Este estilo permite una gran flexibilidad para aquéllos que no pueden asistir a todas las sesiones, ya que durante el verano es común que las personas salgan de viaje o paseos familiares.

En mi primer año de estudio bíblico, nuestra líder nos recomendó que asistiéramos a un breve estudio de verano, y así no dejar pasar mucho lapso sin la lectura de la Biblia. Desafortunadamente yo decidí tomar un "tiempo de descanso", y no participé en ese grupo. Nunca me imaginé que esa decisión provocaría en mí una gran sequía espiritual; puesto que carecía disciplina para leer la Palabra de Dios por mi propia cuenta. Sentí que algo importante faltaba en mi vida, pero no sabía exactamente lo que era. El no estar involucrada en un grupo de estudio por tres meses causó en mí un desierto espiritual.

Mi oasis espiritual llegó en el otoño, cuando empezaron de nuevo los estudios bíblicos regulares. Al entrar por las puertas de mi iglesia, me di cuenta de que lo que mi alma sedienta necesitaba era Agua Viva. Desde ese entonces me propuse participar en un estudio de verano flexible, o por lo menos leer a diario segmentos cortos de la Biblia o algún devocional. Esto es esencial para mí porque mi alma necesita ese tiempo especial con el Señor. Este descanso espiritual me da la fortaleza requerida para enfrentar los problemas que podrían surgir durante el día, y al mismo tiempo llenan mi corazón de gozo, y de paz.

Algunas iglesias suspenden los estudios bíblicos durante el verano, y resumen en el otoño cuando los niños regresan a la escuela. Yo acostumbro a guiar un breve estudio bíblico a mediados de julio. Las personas pueden participar concuerdo a sus planes de verano, y no es requerido que llamen de antemano si acaso no pueden asistir. Si solo logran participar en un par de sesiones, es mucho mejor que no asistir durante todo el verano.

Estás a punto de disfrutar de la sencillez de este estudio, y al mismo tiempo aprender Escrituras que te enseñarán cómo manejar las situaciones gigantes o aún las más pequeñas de esta vida. Este es tu estudio, así que tienes la libertad de ir a tu propio paso. Si lo estás leyendo en un grupo, tendrás suficiente tiempo de compartir tus propias experiencias, al igual de escuchar a las personas en tu grupo compartir sus historias sin prisa, ya que a propósito no incluí muchas de mis experiencias personales, o comentarios, como lo hice en mi libro de estudio titulado, *"Cómo amar a Dios con todo tu corazón ~ Mi testimonio y recorrido espiritual – Guía de estudio bíblico"*.

Que te deleites mucho en tu tiempo especial con Dios, y que Él refresque tu alma. ¡Que el Señor te bendiga, y fortalezca tu espíritu durante la lectura de su maravillosa Palabra!

El Fruto del Espíritu Santo

Las lecciones de este libro están enfocadas en cada uno de los frutos del Espíritu Santo, así como está escrito en Gálatas 5:22-23: *"En cambio, la clase de fruto que el Espíritu Santo produce en nuestra vida es: amor, alegría, paz, paciencia, gentileza, bondad, fidelidad, humildad y control propio. ¡No existen leyes contra esas cosas!"* – Nueva Traducción Viviente (NTV)

Juan 15:5 dice: *"Ciertamente, yo soy la vid; ustedes son las ramas. Los que permanecen en mí y yo en ellos producirán mucho fruto porque, separados de mí, no pueden hacer nada"*. En este estudio descubrirás cómo producir buen fruto en tu vida espiritual. Jesús es la Vid, Dios es el Jardinero, y Él riega y poda nuestras ramas para que produzcan mucho fruto a través de su poder. ¡Nuestro Padre Celestial desea que seamos cada vez más y más como Jesús!

Muchas personas han oído acerca de la crucifixión de Jesús, y de su gloriosa resurrección. Además, también han escuchado de que Dios es nuestro Padre Celestial y Creador, quien envió a su único Hijo a sacrificar su vida y así pagar por nuestros pecados. Sin embargo, algunos de nosotros crecimos sin tener mucho conocimiento de quién es el Espíritu Santo. Lee las definiciones de las siguientes palabras según el diccionario Merriam-Webster © 2004.

Santo: 1. Devoción absoluta 2. Sagrado 3. Que tiene una cualidad divina.

Espíritu Santo: La tercera persona de la Trinidad Cristiana.

Espíritu: 1. Una fuerza dadora de vida, alma, 2. Espíritu Santo.

Esto es lo que Jesús dijo acerca del Espíritu Santo en Juan 16:13-15: *'Cuando venga el Espíritu de verdad, Él los guiará a toda la verdad. Él no hablará por su propia cuenta, sino que les dirá lo que ha oído y les contará lo que sucederá en el futuro. Me glorificará porque les contará todo lo que reciba de mí. Todo lo que pertenece al Padre es mío; por eso dije: "El Espíritu les dirá todo lo que reciba de mí"'.*

Jesús no solo nos da el regalo de la salvación, sino que nos da otro regalo—el Espíritu Santo. ¡El Espíritu de Dios que vive dentro de nosotros! ¿Quién es el Espíritu Santo? Es la tercera persona de la Trinidad, el Espíritu de Dios. El día en que tú aceptas a Jesús en tu corazón, recibes la vida eterna, y también cuentas con un Ayudante y Consejero que estará contigo hasta el fin de los días—¡y sin cobrarte! Imagínate la cantidad de dinero que le pagarías a un consejero para que te ayude todos los días de tu vida. (Cómo amar a Dios con todo tu corazón ~ Mi testimonio y recorrido espiritual - Guía de estudio bíblico © 2019)

Según Juan 14:25-26 ¿qué dijo Jesús que el Espíritu Santo haría en la vida de los creyentes? "Les digo estas cosas ahora, mientras todavía estoy con ustedes. Sin embargo, cuando el Padre envíe al Abogado Defensor como mi representante—es decir, al Espíritu Santo—, Él les enseñará todo y les recordará cada cosa que les he dicho". Jesús también dijo en Juan 16:7-8, "En realidad, es mejor para ustedes que me vaya porque, si no me fuera, el Abogado Defensor no vendría. En cambio, si me voy, entonces se lo enviaré a ustedes; y cuando Él venga, convencerá al mundo de pecado y de la justicia de Dios y del juicio que viene".

En este libro nos concentraremos en estudiar los diferentes tipos de frutos que el Espíritu Santo puede llegar a producir en la vida de los creyentes. Digo creyentes porque las personas que no han aceptado a Jesús en sus corazones no tienen al Espíritu Santo, lo cual podrás confirmar en los siguientes pasajes bíblicos.

Romanos 8:9

Pero ustedes no están dominados por su naturaleza pecaminosa. Son controlados por el Espíritu si el Espíritu de Dios vive en ustedes. (Y recuerden que los que no tienen al Espíritu de Cristo en ellos, de ninguna manera pertenecen a Él).

Romanos 8:11

El Espíritu de Dios, quien levantó a Jesús de los muertos, vive en ustedes; y así como Dios levantó a Cristo Jesús de los muertos, Él dará vida a sus cuerpos mortales mediante el mismo Espíritu, quien vive en ustedes.

1 Corintios 2:14

Pero los que no son espirituales no pueden recibir esas verdades de parte del Espíritu de Dios. Todo les suena ridículo y no pueden entenderlo, porque solo los que son espirituales pueden entender lo que el Espíritu quiere decir.

El momento en que te arrepientes de todos tus pecados y le pides a Jesús que entre en tu corazón como tu Señor y Salvador, el Espíritu Santo viene a morar en ti para ser tu Consejero y Ayudante para siempre. Apocalipsis 3:20 dice: "¡Mira! Yo estoy a la puerta y llamo. Si oyes mi voz y abres la puerta, Yo entraré y cenaremos juntos como amigos". El Espíritu Santo es quien hace posible que nosotros podamos desarrollar y tener una vida fructífera en Él.

Si todavía no has invitado a Jesús y al Espíritu Santo a que entren en tu corazón, puedes hacerlo en este mismo momento al orar:

Querido Jesús, yo profeso por fe de que Tú eres el Hijo de Dios. Yo creo que Tú moriste en la cruz para perdonar todos mis pecados, y que Tú resucitaste de entre los muertos. Hoy me arrepiento de todos mis pecados y te invito a que entres en mi corazón. Gracias por el divino regalo de la Vida Eterna. Por favor ayúdame a seguirte y agradarte todos los días de mi vida. Te lo pido en tu Santo nombre, Jesús. Amén.

Si acabas de recibir por fe a Jesús en tu corazón, quiero darte la bienvenida a la familia de Dios. Él te ama tanto que ha depositado en ti a su Espíritu Santo para guiarte. Jesús desea que disfrutes de tu vida con toda plenitud. Él te ayudará con toda clase de pruebas por medio de su gran poder.

Si acaso todavía tienes dudas que te impiden tomar este paso de fe, sigue leyendo y descubriendo lo que la Biblia dice acerca de esta gran decisión. Es importante llegar a conocer, poco a poco, lo que Dios tiene preparado para ti.

Ahora bien, una fruta es el producto de un árbol sano y bien nutrido. Observa lo que el siguiente Salmo dice acerca del hombre que se deleita en la ley del Señor.

Salmos 1:1-3

"Qué alegría para los que no siguen el consejo de malos, ni andan con pecadores, ni se juntan con burlones; sino que se deleitan en la ley del Señor meditando en ella día y noche. Son como árboles plantados a la orilla de un río, que siempre dan fruto en su tiempo. Sus hojas nunca se marchitan, y prosperan en todo lo que hacen".

Oración:

Querido Padre Celestial, gracias por el precioso regalo de tu Espíritu Santo quien estará con nosotros por siempre. Gracias por no dejarnos solos, y por habernos dado a tu Espíritu Santo quien es nuestro Consejero hasta el final. Ayúdanos a tomar parte de todo tu amor y poder en nuestras vidas. Te lo pedimos en el nombre de Jesús, amén.

LECCIÓN 1 ~ *Amor*

1. Describe en tus propias palabras lo que significa el *amor*.

2. ¿Cuál es la definición de *amor según el diccionario*?

3. Según 1 Corintios 13:4-7, 13, y 1 Juan 4:10 ¿en qué consiste el amor verdadero?

¡Asombroso amor! La Biblia también nos dice que Dios es amor en 1 Juan 4:8, "Pero el que no ama no conoce a Dios, porque Dios es amor".

4. Lee Juan 3:16, Romanos 5:8, y Romanos 11:6. ¿Qué es el amor incondicional?

5. ¿Te amas a ti mismo? ¿De dónde crees que proviene tu autoestima? Lee el Salmo 139:14, Romanos 8:16, y Efesios 2:4-7.

6. ¿Cómo nos dice Mateo 22:37 que deberíamos de amar a Dios?

¿Ya amas a Dios con todo tu corazón? ¿Lo amas más que a tu pareja, hijos, nietos, padres o amigos? Está bien si todavía no has llegado a ese punto. Amar a Dios con todo el corazón es un proceso que empieza cuando pasamos más tiempo con Él. Si quieres amar más a Dios también te recomiendo mi libro de estudio bíblico, "Cómo amar a Dios con todo tu corazón ~ Mi testimonio y recorrido espiritual - Guía de estudio bíblico". Amarás más a Jesús y descubrirás el gran amor que Él tiene para ti.

7. Lee 2 Samuel 6:14-15, y Marcos 12:41-44; 14:3-9. ¿Según estos versículos, cómo fue que el Rey David, la viuda pobre, y la mujer que ungió a Jesús con un perfume caro, demostraron su gran amor por Dios? ¿Por qué crees que pueda ser tan difícil para ciertas personas amar a Dios con tanta intensidad, y hasta de una manera extravagante? ¿Le darías tú al Señor todo tu amor y todas tus pertenencias?

8. ¿Cómo podemos aprender a amar a Dios con todo nuestro corazón y sin reservas? Lee Jeremías 29:13, y Mateo 7:7-8.

Puedes dejarle saber a Dios en tus oraciones, tu deseo de amarle más cada día. Te sorprenderás al ver cómo Él va a ir desarrollando ese amor en tu vida. Por muchos años ésta ha sido mi oración, "Señor, por favor ayúdame a amarte más y más cada día". A pasar del tiempo mi amor por Dios ha ido en aumento, y lo más bello ha sido el sentir el gran amor que Él tiene para mí. Ahora disfruto mucho el poder pasar más tiempo con Él a través de la oración, la lectura de su Palabra, y la alabanza.

9. ¿Cómo podemos llegar a amar a nuestros enemigos, y a las personas que nos han herido? Lee Mateo 5:43-47, y Romanos 12:17-21.

10. ¿Cuál fue la actitud de Jesús hacia los que se burlaron de Él en la cruz? Lee Lucas 23:34.

11. ¿Cuál es el consejo que nos dio el apóstol Pablo? Lee Colosenses 3:13-14.

Solo a través del poder del Espíritu Santo seremos capaces de perdonar a los que nos han hecho daño. Le doy gracias a Dios por haberme enseñado al transcurrir de los años, cómo orar por mis enemigos. Un enemigo, según el diccionario, es una persona que busca cómo herir. Yo he sufrido ataques personales cuando ciertas personas me lastimaron con sus palabras llenas de odio. Los insultos eran como un veneno que me llenaba de enojo y dolor. El enemigo, Satanás, quería causarme daño emocionalmente. Así que le pedí a Dios que suavizara y protegiera mi corazón. Continué orando durante todo el día, y también me ayudó mucho el escuchar música cristiana para mantener mi mente enfocada en Jesús.

El Espíritu Santo, mi Maravilloso Consejero, me guio a que empezara a orar por la persona que me había agredido verbalmente. Cuando las palabras hirientes seguían resonando en mi mente, yo seguí el consejo de Jesús de orar por nuestros enemigos. Empecé a orar, "Querido Dios, por favor bendícela". La batalla en mi mente continuaba mientras el enemigo seguía atacándome. Una vez más oré "Señor, por favor bendícela, ella no te conoce. Te pido por su vida y que llegue a recibirte como su Señor y Salvador personal". Yo iba ganando la batalla con el poder del Espíritu Santo hasta que el enemigo no quiso que yo siguiera orando por esa alma, y por fin me dejó en paz. El dolor y la herida en mi corazón se desvanecieron. Mi lucha no fue contra esa persona, fue contra Satanás. Jesús me dio la victoria cuando a través de la oración pude perdonar y orar por ella. Yo ya no veo a esa persona, pero tampoco siento ningún resentimiento contra ella, y eso, mis queridos amigos, es más poder—el divino poder del Espíritu Santo.

Cuando yo escuché por primera vez de que debemos de amar a nuestros enemigos, pensé en lo difícil que sería lograrlo. Cuando le pregunté a la directora del grupo de estudio bíblico, ella me explicó que no necesariamente tiene que ser el amor que sientes por un amigo muy querido, sino más bien un amor sacrificado que es el amor Ágape. Esta clase de amor, que proviene del Espíritu Santo, nos ayuda a perdonar, y a no odiar. Al mismo tiempo nos libera del dolor que otros nos hayan causado en nuestras vidas.

12. Según Mateo 21:22, y Colosenses 4:2 ¿cómo podemos alcanzar a recibir el fruto del amor?

Simplemente pidiéndole a Dios en oración que nos regale este maravilloso fruto. Él te dio a su Espíritu Santo para ayudarte. Solo pídele y confía.

Mi oración por ti:

Que Dios te llene siempre de su amor, y de su divina presencia. Le pido que te dé la capacidad de sentir su gran amor por ti, y que te ayude a amar a otros a través de su poder. En el nombre de Jesús, amén.

LECCIÓN 2 ~ *Gozo*

En esta lección utilizaremos la versión Reina-Valera 1960 de la Biblia, ya que esta traducción utiliza la palabra gozo en vez de alegría. Gálatas 5:22-23, *"Más el fruto del Espíritu es amor, gozo, paz, paciencia, benignidad, bondad, fe, mansedumbre, templanza; contra tales cosas no hay ley"*.

1   Describe en tus propias palabras lo que significa el *gozo*.

2. ¿Cuál es la definición de *gozo* según el diccionario?

3. ¿Cómo podemos tener gozo en medio de circunstancias difíciles? Lee Hechos 16:16-40. Según el versículo 25, ¿qué estaban haciendo Pablo y Silas a la medianoche en la cárcel?

Estos dos versículos me llamaron mucho la atención: "los golpearon severamente" (vs.23), y "estaban orando y cantando himnos a Dios" (vs. 25). A pesar del gran dolor físico que estos discípulos de Jesús estaban sufriendo, ellos eligieron estar gozosos, cantando, y alabando a Dios. ¡Qué pasaje más asombroso! Esto es únicamente posible por el poder divino del Espíritu Santo.

Puedes ver al final de este pasaje que las golpizas e injusticias que los discípulos recibieron no fueron en vano. El haber alabado a Dios con tanto gozo fue el resultado de un gran milagro. Hubo un gran terremoto que hizo que todas las puertas se abrieran, "¡y a todos los prisioneros se les cayeron las cadenas!" Aun así, los prisioneros decidieron no escapar. Más bien, este milagro hizo que el guardia y su familia se convirtieran, y mediante su fe en Jesús recibieron la salvación de sus almas. ¡Gozo, gozo, gozo—puro gozo! Solo el poder de Dios puede causar algo tan extraordinario.

Fe en Dios, cantar alabanzas al Señor, la oración, y el conocimiento de la Palabra de Dios me han traído mucho gozo, y paz a través de los años, y también me liberaron de la depresión. Mi vida comenzó a cambiar cuando empecé a asistir a los estudios bíblicos. ¡El gozo eventualmente llegó, y la depresión se desvaneció! La felicidad es algo temporal que va y viene cuando nos suceden cosas positivas, pero el gozo de Dios existe aún en medio de pruebas grandes, y circunstancias difíciles.

4. ¿Alguna vez has experimentado un gozo desbordante después de haber sufrido un golpe emocional?

A veces los golpes no solo ocurren físicamente. También existen golpes emocionales que dejan grandes heridas en el corazón. Hace varios años pasé por una situación muy difícil, y llorando le rogué a Dios que por favor me ayudara. Después de que me levanté de mis rodillas, sentí que el Señor me había confortado sorprendentemente. Al final de mi oración, escuché la voz de Dios en mis pensamientos decirme, "todo va a estar bien". En ese momento puse mi música cristiana casi a todo volumen, y empecé a cantar alabanzas, y a bailar de puro gozo. El Espíritu Santo puede poderosamente ocasionar este tipo de reacción en nuestro espíritu.

Busca la ayuda del Señor inmediatamente en vez de permitir que las preocupaciones, y la desesperación consuman tu mente, y tu corazón. Él te llenará de gozo, así como lo hizo con los discípulos en la cárcel.

5. ¿Qué es lo opuesto del *gozo*?

6. ¿Cuál es la definición de la palabra, *depresión* en el diccionario?

7. ¿Cómo podemos combatir la depresión?
   Lee 1 Tesalonicenses 5:16-18.

Yo sufrí de depresión cuando estaba en mis veintes, y hasta llegué a dudar de la bondad de Dios. Fui a ver a mi doctor y le expliqué que mis síntomas de tristeza, y bajo autoestima eran peor durante las dos semanas antes de mi ciclo menstrual. El doctor ya estaba listo para recetarme un antidepresivo, a lo cual yo inmediatamente le dije "Doctor, por favor deme dos semanas, y si mi condición no mejora entonces los empezaré a tomar". Días después una de mis cuñadas me invitó a un grupo de estudio bíblico de su iglesia. Empecé a asistir, y al pasar de las semanas gradualmente comencé a sentir un gozo tan profundo, que no tuve necesidad de ir al doctor por mi receta médica. ¡Aleluya!

En ciertos casos específicos, las personas deben de tomar antidepresivos, y seguir las recomendaciones de sus doctores. En mi caso, yo encontré la paz, y el gozo que buscaba en la lectura de la Biblia, en mis oraciones con Dios, y en la alegría de la alabanza.

Que el Señor te dé fortaleza, y siga aumentando tu fe en Él. Continúa pidiéndole ayuda a Dios, en el nombre de su Hijo Jesús, y verás su gran poder manifestarse en ti.

8. ¿Alguna vez has tenido sentimientos de inferioridad? Para conocer lo que Dios declara acerca de ti, lee 1 Pedro 2:9-10, y 1 Juan 3:1. ¿Cómo te hace sentir que el Creador del Universo sea tu Padre?

9. Lee el Salmo 5:11-12. ¿Cuál fue la petición del rey David?

10. ¿Qué le pidió David a Dios que hiciera por él? Lee el Salmo 51:12.

Que restaurara la alegría de su salvación. El saber que Dios ya tiene asegurada mi salvación me ha traído mucho gozo a través de los años. Tener la certeza de un futuro bendecido con Dios, y saber que este mundo no es mi destino final, me han permitido mantenerme gozosa, y alegre.

Cristo murió por ti, y por mí para darnos la vida eterna. Cuando ya todo se acabe en esta tierra, lo único duradero que va a importar es nuestra salvación en Cristo Jesús.

11. Pablo también oró por nosotros, los creyentes, para que Dios nos llenara de su gozo divino. Lee Romanos 15:13. ¿Cuál es el requisito, y mediante del poder de quién? Completa los espacios en blanco.

"Le pido a Dios, fuente de esperanza, que los llene completamente de _____ y _____, porque _____ en Él. Entonces rebosarán de una _____ segura mediante el poder del _____. (NTV)

Yo también como Pablo hago esta oración para cada uno de ustedes, "Le pido a Dios, fuente de esperanza, que los llene completamente de alegría y paz, porque confían en Él. Entonces rebosarán de una esperanza segura mediante el poder del Espíritu Santo". Dios no quiere que estemos tristes, y con falta de esperanza. Al contrario, Él quiere que estemos llenos de gozo, esperanza, y paz a través del poder de su Espíritu Santo.

12. ¿Qué es lo que deberíamos de hacer según Juan 15:9-12, Filipenses 4:4, y Filipenses 4:8?

El Espíritu Santo de Dios es quien produce el fruto del gozo en nosotros. Yo antes cuando me preocupaba, le pedía a Dios que me ayudara, pero minutos después volvían las preocupaciones haciendo que perdiera mi gozo. Lo cual significaba que realmente no le estaba entregando todos mis problemas al Señor. Por eso ahora le recomiendo a mis amistades, y a mis familiares que dejen todas sus cargas con Dios, y que no las vuelvan a tomar.

Yo practico mucho el consejo que se encuentra en Filipenses 4:8. Prefiero pensar en las cosas buenas, puras, lindas, y agradables a Dios. En vez de escuchar las noticias alarmantes en la televisión, que a veces transmiten miedo, decido enfocarme en lo grandioso que es Dios, y observar su hermosa creación en la naturaleza. Ver una puesta de sol, observar las flores, los árboles o los animales del campo, me traen mucha alegría, y paz. Escuchar música cristiana también me llena mucho de gozo, pues me deleito en lo maravilloso que es Dios.

Es muy importante depositar nuestra fe, y confianza completamente en Dios. Debemos de descansar con plenitud en el tiempo perfecto del Señor. Él nos fortalecerá, y se encargará de todas nuestras cargas, tal como lo dijo en Mateo 11:28, 'Luego dijo Jesús: "Vengan a mí todos los que están cansados y llevan cargas pesadas, y yo les daré descanso"'.

Mi oración por ti:

Gracias querido Espíritu Santo por el regalo del gozo. Te pido que por favor desarrolles este preciado fruto, en la persona que está leyendo este libro. Úngelo con tu Espíritu, y que toda oscuridad, y desaliento se vayan en el nombre poderoso de Jesús, amén.

Lección 3 ~ *Paz*

1. Describe en tus propias palabras lo que significa la *paz*.

2. ¿Cuál es la definición de *paz* según el diccionario?

3. ¿Qué clase de actividades te traen paz durante momentos difíciles?

¡Para mí es la oración! Dios me ha enseñado, a través de varias experiencias, que lo primero que debo de hacer es acudir a Él, y entregarle todas mis dificultades. Es increíble cómo casi de inmediato siento su paz. Yo antes perdía mucho tiempo preocupándome, tratando de resolver mis problemas por mi propia cuenta. Hoy en día, corro hacia Jesús a pedirle su divina, y amorosa ayuda. En varias ocasiones vi cómo Dios solucionó mis problemas sin que yo tuviera que mover un dedo. Es realmente sorprendente cómo Él hacía que mis dificultades desaparecieran casi instantáneamente. Es poderoso ver cómo Dios realmente actúa, y nos da su maravillosa ayuda.

Aun si la situación difícil no cambiara, podemos sentir su paz en esos momentos, y pedir por sabiduría en cómo manejar el problema. También debemos de aceptar de que Dios es soberano, y a veces permite que pasemos ciertas circunstancias para hacernos más fuertes en medio de la prueba.

4. Lee Romanos 8:6. ¿Cómo podemos proteger nuestra mente de pesamientos negativos que nos quieren robar la paz?

Yo mantengo mi paz pidiéndole al Espíritu Santo que controle mi mente. Las veces cuando empiezo a sentirme un poco ansiosa, me dirijo inmediatamente al Señor en oración. Él me recuerda que a quien el Hijo ha hecho libre, es verdaderamente libre (Juan 8:36). En ese momento le doy gracias al Señor de que soy libre por la sangre de Cristo y digo, "yo sé que soy libre de toda ansiedad, y que soy sana en el nombre del Padre, del Hijo y del Espíritu Santo". En ese instante empiezo a sentir cómo la ansiedad se va, y siento la paz de Dios cuidando mi corazón, y mi mente en Cristo Jesús como lo dice en Filipenses 4:6-7, uno de mis versículos favoritos de la Biblia.

5. Lee Mateo 8:23-27, y comenta acerca de las palabras que Jesús les dijo a sus discípulos: "¿Por qué tienen tanto miedo?...¡Tienen tan poca fe!" ¿Crees que esas palabras también se pueden aplicar a nosotros?

Los discípulos tenían mucho miedo. Jesús calmó la tormenta con solo decirle que se parara. Hace varios años yo vi cómo Dios detuvo una tormenta en el momento justo que terminé de orar, y dije amén. Mis dos hijos pequeños venían conmigo en el carro, cuando de repente se desató una gran tormenta en la carretera. La lluvia era tan fuerte que yo no podía ver nada a mi alrededor. Cuidadosamente, y orando al mismo tiempo, me hice al lado de la carretera. Inmediatamente empecé a orar en voz alta, "Querido Dios, por favor para la lluvia para que podamos regresar a la carretera, y continuar nuestro viaje, en el poderoso nombre de Jesús, amén". En cuanto dije, "amén", la tormenta cesó completamente; no disminuyó o lloviznó, sino que se detuvo instantáneamente. Mi hijo, Ed, que venía al lado mío, me miró asombrado, y dijo, "¡Hurra, Dios!" Dimos gracias al Señor, y regresamos a la carretera maravillados del gran poder de Dios, esta vez cantando alabanzas. Esta experiencia tan grandiosa me enseñó que Jesús le puede decir a la tormenta, "para", y la tormenta le obedece inmediatamente.

6. ¿Qué es el miedo? Comparte alguna vez en que estuviste en medio de una "tormenta" o crisis, y Jesús te calmó con su paz.

7. Menciona algunos temores que a veces enfrentamos en este mundo.

8. ¿Por qué a veces seguimos siendo temerosos aun sabiendo de que Dios es nuestro Padre Celestial?

9. ¿Cómo podemos combatir el miedo más efectivamente? Lee Romanos 8:15, y 2 Timoteo 1:7.

10. ¿Cómo se puede obtener la paz segura, y quién es el que lo hace posible? Lee Salmos 29:11, y Filipenses 4:6-9.

11. ¿Cómo podemos mantener la paz, y la armonía en nuestros hogares, lugares de trabajo, en la iglesia, etc.?

12. ¿Qué clase de pensamiento o versículo de la Biblia te hacen sentir mucha paz?

Para mí es el versículo que se encuentra en Juan 14:27, "Les dejo un regalo: paz en la mente y en el corazón. Y la paz que yo doy es un regalo que el mundo no puede dar. Así que no se angustien ni tengan miedo".

Mi oración por ti:

Que la paz de Dios fluya abundantemente sobre ti, a medida que confíes en Él. Que el Señor traiga a tu memoria todas sus bondades, y bendiciones hacia ti. En el nombre de Jesús, amén.

Opcional:

Durante la semana haz una lista de todas las bendiciones por las cuales te encuentras bien agradecido. Empieza con las bendiciones espirituales, y después las bendiciones físicas y materiales. Tu lista no solo te hará sentirte mucho mejor, y te levantará el ánimo, sino también te recordará de lo bueno, y fiel que es Dios en todo momento.

Lección 4 ~ *Paciencia*

1. Describe en tus propias palabras lo que significa la *paciencia*.

2. ¿Cuál es la definición de *paciencia* según el diccionario?

3. ¿Qué nos dice Santiago 1:2-4 que hagamos cuando enfrentamos cualquier tipo de problemas?

4. ¿Qué es la perseverancia según Santiago 5:7-11?

5. ¿Qué clase de circunstancias hacen que te sientas más impaciente?

6. ¿Qué nos explica Romanos 7:18 acerca de la naturaleza pecaminosa?

7. ¿Cómo podemos ser pacientes con las personas que nos rodean? Lee Proverbios 19:11, y Proverbios 25:15.

El Señor me ha ayudado a controlar mi carácter, y a no decir lo que no debo cuando estoy fastidiada. Muchas veces he escuchado al Espíritu Santo decirme en mis pensamientos esta expresión, "muérdete la lengua, Guadalupe", y es algo que me ayuda muchísimo. Él me ha enseñado a saber qué decir, qué no decir, y cuándo es el momento apropiado de decirlo.

Estos versículos de la Biblia me han dado la sabiduría para saber manejar mejor este tipo de situaciones. Con palabras suaves, o a veces guardando silencio, el Espíritu Santo me ha ayudado a no perder los estribos. Requiere sabiduría, control, y paciencia el no decir lo primero que se me venga a la mente. A Satanás le gusta causar pleitos, y divisiones en nuestras relaciones personales. Es mejor ser sensato y no perder la cabeza. A veces cuando estoy en medio de un argumento, inmediatamente hago una oración en mi mente pidiéndole a Dios que me ayude a controlarme.

Recuerda que la sabiduría proviene de Dios, y que "las palabras suaves pueden quebrar los huesos", y que es mejor "pasar por alto las ofensas".

8. Los discípulos pasaron persecuciones, y tribulaciones. Sin embargo, tenían gozo, paz, y esperanza. La mayoría de nosotros no sufrimos esa clase de asechanzas, como de ser golpeados o amenazados a muerte, pero sí somos acosados de otras maneras. Menciona algunas de las "persecuciones" que sufrimos como cristianos, y cómo respondemos a ellas.

Jesús dijo en Juan 15:18, "Si el mundo los odia, recuerden que a mí me odió primero".

9. ¿Cómo podemos defender nuestra fe, en vez de perder la paciencia? Lee Hechos 4:29-31.

Lección 4 ~ *Paciencia*

10. Job fue un hombre lleno de paciencia, perseverancia y obediencia, que sufrió muchas pruebas. Él amaba mucho al Señor, y no maldijo a Dios a pesar de todas sus aflicciones. Lee Job 1:20-22, y provee tus comentarios acerca de este pasaje.

11. Lee Job 42:12-13. ¿Cómo recompensó Dios a Job por su gran perseverancia?

Job fue un gran hombre de fe. Él nos dejó grandes ejemplos de paciencia, integridad, y perseverancia. Admiro su amor y fidelidad hacia nuestro Señor. Es muy fácil alabar a Dios cuando todo nos va muy bien, pero cuando vienen las pruebas, y tragedias, nuestra fe es puesta en prueba. Seamos como Job, y que Dios nos dé la sabiduría y la fortaleza de decir, "El Señor me dio lo que tenía, y el Señor me lo ha quitado. ¡Alabado sea el nombre del Señor!".

12. Lee Colosenses 3:12. ¿Cómo deberíamos de vestirnos?

Desarrollar paciencia puede ser tan sencillo como solamente pedirle al Espíritu Santo que nos dé la paciencia que necesitamos. Hoy en día solo digo, "Señor, por favor dame paciencia. Te lo pido en el nombre de Jesús, amén". Respiro profundo, y dejo que Dios se encargue de toda mi situación. Por ejemplo, si el tráfico en la carretera está congestionado, y la circunstancia está fuera de mi control, entonces disfruto el tiempo observando las nubes, y los paisajes que me rodean. También procuro salir más temprano de la casa, para así no andar a la carrera, y estresada cuando voy manejando, y cosas inesperadas suceden.

También cuando se presentan obstáculos que interfieren con mi calendario, en vez de perder mi paz, y ponerme irritada, ahora solo digo, "Señor, mis planes han cambiado, ¿qué quieres que hagamos el día de hoy?" Sus planes son siempre mejores que los míos.

Mi oración por ti:

Le pido a Dios que te dé este fruto de su Espíritu Santo. Que te ayude a ser paciente contigo mismo, y con las demás personas por tu propio bienestar. En el nombre de Jesús. Amén.

Lección 5 ~ *Gentileza*

1. Describe en tus propias palabras lo que significa la *gentileza*.

2. ¿Cuál es la definición de *gentil* según el diccionario?

3. ¿Qué es lo opuesto de ser gentil?

4. ¿Cuál es el resultado de una respuesta apacible, y qué provocan las palabras ásperas según Proverbios 15:1?

5. ¿Cómo deberíamos de comportarnos según Efesios 4:2?

6. ¿Cuál fue el consejo dado a Timoteo en 1 Timoteo 6:11?

7. ¿De qué manera se nos recomienda hablarles a las personas que no creen en Jesús? Lee 1 Pedro 3:15-16.

8. ¿Cómo se describe Jesús a sí mismo en Mateo 11:29?

LECCIÓN 5 ~ *Gentileza*

9. ¿Cómo describe Santiago 3:16-18 la sabiduría de Dios?

10. ¿Cuál fue el consejo dado en 1 Pedro 3:1-4 a las mujeres casadas con hombres que no eran creyentes?

Yo seguí este consejo para las esposas, y me fue de mucha bendición. Yo antes me enojaba con mi esposo porque no venía a la iglesia conmigo y nuestros dos hijos. Hasta que leí este pasaje durante mi estudio bíblico, y mis amigas del grupo me explicaron este pasaje, "la vida recta de ustedes les hablará sin palabras". A partir de ese momento, cada domingo me despedía de Eduardo con un beso dulce, y un abrazo antes de irme a la iglesia, en vez de resentir el hecho de que él no venía conmigo.

Mi esposo empezó a sentirse un poco incómodo al ver que yo era tan dulce, y gentil con él. Cuando yo regresaba de la iglesia, notaba que él había estado muy ocupado limpiando la casa, pasando la aspiradora, y hasta lavando los platos. Luego él me preguntaba cómo me había ido en la iglesia, y de qué se había tratado el mensaje de la mañana. Mi corazón se alegraba al ver que Eduardo estaba genuinamente interesado en escuchar acerca de la predica.

Eduardo también notaba cambios en mí, como el de ser más gentil, y amable con él. A él le gustaba ver la gentileza que el Espíritu Santo estaba produciendo en mí, y un día finalmente decidió empezar a venir a la iglesia con nosotros. Es maravilloso ver cómo la palabra de Dios está llena de sabiduría, y de muchos consejos valiosos.

11. ¿Qué debemos de evitar como creyentes, y cuál debería de ser nuestra actitud en vez? Lee Tito 3:1-2.

Recuerda que la gentileza es un fruto del Espíritu Santo. Él es quién produce estos frutos en nuestras vidas. Podemos tratar de ser gentiles y amables por nuestros propios esfuerzos, pero la parte difícil es serlo con las personas que no son amables. Y allí es cuando es importante pedirle a Dios que nos ayude a ser humildes, y gentiles. Esto es mucho más fácil de lograr a través del Espíritu Santo, quien siempre está dispuesto a ayudarnos cuando se lo pedimos.

12. Menciona una ocasión donde no tenías el deseo de ser gentil con alguien, y cómo el Espíritu Santo te ayudó a serlo.

Mi oración por ti:

Que el Espíritu Santo de Dios te llene de todos sus regalos espirituales. Que te dé sus ricas bendiciones, y te ayude a ser gentil. Le pido a Dios que cada vez más reflejes a su Hijo, Jesús. En el nombre poderoso de Jesús. Amén.

Lección 6 ~ *Bondad*

1. Describe en tus propias palabras lo que significa la *bondad*.

2. ¿Cuál es la definición de *bondad* según el diccionario?

3. ¿Qué es lo opuesto de ser bondadoso?

4. Describe la palabra, *grosero*.

LECCIÓN 6 ~ *Bondad*

5. ¿Cómo te hace sentir cuando ves a una persona actuando groseramente?

6. ¿Cómo reaccionas cuando ves a alguien ser bondadoso con otros?

7. ¿Cómo deberíamos de tratarnos unos a los otros según Efesios 4:32?

8. ¿Qué dijo Jesús en Mateo 5:43-48?

9. ¿Cómo podemos ser bondadosos con las personas que no son bondadosas con nosotros? Lee 1 Corintios 13:4, y Juan 15:1-5.

1 Juan 4:8 dice que, "Dios es amor", y 1 Corintios 13:4 dice que, "el amor es paciente, y bondadoso". Consecuentemente, Dios es paciente y bondadoso. Separados de la Vid, o sea de Jesús, no podemos hacer nada. Solo pidiéndole al Espíritu Santo que produzca el fruto de la bondad en nosotros, podremos ser bondadosos con los que no lo son. Yo traté mucho en el pasado, por mi propio esfuerzo, ser bondadosa con las personas groseras, y descubrí que es muy difícil hacerlo. Dios me ha enseñado que entre más tiempo permanezco conectada a la Vid (Jesús), seré cada día más como su Hijo. ¡Él nos ayudará a producir buen fruto!

10. ¿Qué nos dice Proverbios 11:16-17 acerca de la gente bondadosa?

11. Lee Tito 3:4-7. ¿Cómo demostró Jesús su bondad hacia nosotros? Haz una lista de todo lo que Jesús hizo por ti.

Estoy muy agradecida al Señor por su gran amor, y bondad hacia nosotros. Solo el poder de su Espíritu Santo nos ayuda a ser bondadosos con los demás, y aun con nosotros mismos. Digo con nosotros mismos porque Dios quiere que seamos bondadosos con nuestros propios cuerpos, y que protejamos nuestra salud mental. Hay personas que son alcohólicas, o que trabajan demasiadas horas, arruinando sus cuerpos, y salud con tanto abuso físico. Sé bondadoso contigo mismo con el simple hecho de descansar, y no sentirte culpable al hacerlo. Hay personas que creen que descansar demuestra que son perezosos. Sin embargo, si no le prestamos atención a nuestros cuerpos podemos eventualmente llegar a sufrir de enfermedades causadas por el estrés, y los malos hábitos.

Ciertas personas tratan de relajarse consumiendo drogas, alcohol, y aun exceso de comidas. Si Dios nos demostró su bondad al salvarnos, lavándonos con su sangre preciosa, y dándonos nueva vida, también podemos pedirle que nos ayude a cuidarnos para disfrutar de buena salud.

También podemos extender la bondad de Dios hacia otras personas al ser paciente con ellas. Es gratificante actuar bondadosamente con los demás, pues el Señor nos creó en su imagen, y nos diseñó de esa manera.

12. ¿Qué nos dice el Salmo 145:6-9 acerca de la bondad, y misericordia de Dios?

Mi oración por ti:

Que el Señor a través del poder de su Espíritu Santo te ayude a ser bondadoso hacia ti mismo, y hacia los demás. Le pido que sientas su presencia, y gran bondad hacia ti. En el nombre de Jesús, amén.

Lección 7 ~ *Fidelidad*

1. Describe en tus propias palabras lo que significa la *fidelidad*.

2. ¿Cuál es la definición de *fidelidad* según el diccionario?

3. Según Hebreos 12:2, ¿quién inicia, y perfecciona nuestra fe?

4. ¿Qué recibirás cuando te propones a hacer el bien según Proverbios 14:22?

5. Lee 2 Timoteo 2:13. ¿Qué dice la Biblia acerca de la fidelidad de Dios?

6. Lee Lamentaciones 3:22-23, y comparte acerca del fiel amor del Señor.

7. Lee Números 23:19. ¿Cómo te hace sentir el saber que Dios nunca te va a mentir?

LECCIÓN 7 ~ *Fidelidad*

Qué maravilloso es saber que Dios jamás nos mentirá. Siempre podemos confiar en Él. ¡Dios es eternamente fiel y totalmente verdadero!

8. Comparte una situación en la cual Dios te demostró su fidelidad.

9. Explica la fidelidad de Dios según el Salmo 36:5.

10. ¿Cuál fue la promesa que Dios le hizo a Abraham en Génesis 15:1-6?

11. Lee Génesis 21:1-5. ¿Cumplió Dios su promesa a su siervo, Abraham?

A pesar de que la promesa que Dios le hizo a Abraham tomó veinticinco años en cumplirse, Abraham nunca dudó del Señor. ¡Él le creyó a Dios! Cuando yo leí este pasaje por primera vez en la Biblia, me sorprendió que Dios se hubiese tomado tantos años en cumplirla. Este hecho me enseñó de que el tiempo del Señor no es "mi tiempo". Él siempre tiene el control, y cumple sus promesas a su debido tiempo.

Cuando yo era recién casada me cansé de pedirle a Dios de que mi esposo regresará a la iglesia conmigo. Después de que pasé dos años orando sin ninguna respuesta, empecé a dudar de la bondad de Dios, y hasta de su existencia. Pensé, "yo estoy pidiendo algo bueno, no estoy pidiendo riquezas y, sin embargo, a Dios no parece importarle mis sentimientos". Dejé de orar y dejé de creer. El hecho de pensar en la posibilidad de que Dios no existía me causó depresión, y sentía que no valía la pena vivir.

Mi vida empezó a cambiar cuando una de mis cuñadas me invitó a un estudio bíblico. En ese grupo me sentí segura, y con la libertad de hacer toda clase de preguntas. La lectura de la Biblia hizo que yo llegara a conocer mejor a Dios, y a aceptar su perfecta voluntad en mi vida.

Después de orar por mi esposo por veintidós años, Eduardo finalmente decidió venir a la iglesia conmigo. Su fe en Dios fue restaurada. Él dijo que lo que le impactó mucho fue observar mi fidelidad a Dios durante todos esos años. Le doy gracias a Dios por su gran fidelidad en nuestras vidas.

12. Lee Génesis 22:1-18. ¿Qué podemos aprender de la fidelidad de Abraham? ¿Cómo podríamos aplicar este pasaje en nuestras vidas?

Mi oración por ti:

Que nuestro amoroso Dios aumente tu fe, y mantenga tu fidelidad mediante el poder de su Espíritu Santo. En el nombre de Jesús, amén.

Lección 8 ~ *Humildad*

1. Describe en tus propias palabras lo que significa la *humildad*.

2. ¿Cuál es la definición de *humildad* según el diccionario?

3. ¿Qué es lo contrario de ser humilde?

4. ¿Qué hace Dios con los humildes, y qué hace con los orgullosos según el Salmo 18:27?

5. Según el Salmo 37:11, ¿qué bendiciones recibirán los humildes?

6. Lee el Salmo 138:6, el Salmo 147:6, y el Salmo 149:4. Menciona cuáles son las recompensas que los humildes reciben de parte del Señor.

7. ¿Cómo es el carácter de Jesús según Mateo 11:28-29?

8. Lee Isaías 2:12, y Proverbios 16:5. ¿Cuáles advertencias son mencionadas en estos versiculos?

Una persona orgullosa es arrogante, presumida, y se cree ser superior a los demás. Dios no tolera esa clase de actitud. Corremos el riesgo de ser orgullosos cuando nos creemos mejor que las otras personas debido a nuestras posesiones, trabajos, o salarios. Es importante que cuando notemos rasgos de orgullo en nuestras vidas, le pidamos inmediatamente perdón a Dios, y que Jesús nos ayude a ser humildes como lo es Él.

9. Lee Filipenses 2:3-8, y menciona cómo quiere Dios que seamos.

10. Lee la siguiente historia en Daniel 4:28-37, para ver cuál fue la consecuencia o castigo que recibió este rey orgulloso, para no cometer su mismo error.

11. Lee Mateo 21:5, y describe cómo es el Rey de Reyes.

Jesús, el Rey de reyes, pudo haber hecho una gran entrada montado en un caballo en vez de un burro. Jesús demostró su humildad en ese acto. Él es tierno de corazón, y compasivo. No es altanero, orgulloso, o engreído. Sigamos su ejemplo de ser humildes como lo es Él. Todo lo que nosotros tenemos proviene de Dios. Aun nuestro aliento de vida procede de Él, por eso no debemos jactarnos por nada, sino más bien estar agradecidos por todas sus bendiciones, y compartirlas con los demás.

12. Lee Juan 13:1-17 donde Jesús les lava los pies a sus discípulos. ¿Cómo te hace sentir saber que el Hijo de Dios no vino a ser servido, sino más bien vino a servirte, y básicamente a dar su vida por ti?

Mi oración por ti:

Que Dios todopoderoso te bendiga, y desarrolle en ti el fruto de la humildad, a través de su poder. Le pido que libere tu vida de todo orgullo, y de todo lo que a Él no le agrada. En el nombre sagrado de Jesús, amén.

Lección 9 ~ *Control Propio*

1. Describe en tus propias palabras lo que significa el *control propio*.

2. ¿Cuál es la definición de *control propio* según el diccionario?

3. Menciona algunas de las veces cuando el Espíritu Santo te ayudó a ejercer control propio.

Yo disfrutaba mucho de comer frutas ácidas como los mangos verdes, piña, y manzanas verdes con sal y limón. Aun cuando la acidez de estas frutas me causaba dolor en los dientes, no podía dejar de comerlas. Al pasar del tiempo, mis dos dientes de arriba perdieron su esmalte de protección lo cual me causó mucho malestar. Mi dentista me recomendó una cobertura en los dientes para repararlos, y me advirtió que, si yo continuaba comiendo frutas ácidas, esta capa protectora se iba a deteriorar también. Durante el procedimiento, le pedí a Dios que me ayudara a no continuar ese mal hábito. Esta adicción no era inofensiva, era destructiva.

La sensibilidad en mis dientes desapareció después de ese procedimiento. El Señor escuchó mi oración, y me ayudó a no continuar ese hábito tan dañino. Empecé a disfrutar de las frutas dulces en vez, y sin sal; lo cual me ayudó a reducir la cantidad de sodio en mi cuerpo. Luego, me puse a pensar en las personas que tienen otras adicciones. Ellos saben que están dañando sus cuerpos, y sin embargo no se pueden controlar. Mi antigua adicción me hizo comprender las batallas que algunos enfrentan, y sentí mucha lástima por ellos.

Ciertas personas no dejan sus malos hábitos hasta que ya es demasiado tarde. Destruyen sus pulmones, hígado, corazón, y otros órganos que son afectados cuando abusan del azúcar, la sal, la grasa, drogas, alcohol, tabaco, y otras adicciones. No solo las comidas en exceso o las drogas son lo que pueden afectarnos. También existen la falta de control propio en el enojo, abuso verbal, pleitos, lujurias, etc. Gracias a Dios podemos adquirir la ayuda del Espíritu Santo para superar nuestras debilidades cuando se lo pedimos. Él nos dará de su gran poder para vencer, y ganar las batallas.

4. ¿Qué clase de comportamiento exhiben los necios según Proverbios 29:11?

La gente sabia no le da rienda suelta a su enojo. Muchas relaciones personales son destruidas cuando la gente actúa sin control, y explotan furiosamente. Las palabras fuertes hieren los sentimientos, y rompen muchas relaciones. A veces irreparablemente. Evitemos el horrible poder de la ira, y en vez pidámosle al Espíritu Santo que nos enseñe cómo frenarnos, y ser sabios con los frutos del control propio, bondad, amor, y gentileza.

5. Según Proverbios 16:32, ¿qué es mejor que conquistar a una gran ciudad?

LECCIÓN 9 ~ Control Propio

6. ¿Cómo fue José capaz de ejercer control propio, y huir de la tentación? Lee Génesis 39:1-12.

¡Salió corriendo inmediatamente! Nosotros también tenemos que huir de las tentaciones. José respetaba a su dueño, pero sobre todo no quiso pecar contra Dios. La esposa de Potifar estaba dispuesta a serle infiel a su esposo sin importarle las consecuencias. Sería lindo si todos los hombres, y todas las mujeres fueran como José—leales y fieles. José era humano y pudo haber caído en la tentación; sin embargo, su cercanía a Dios, y el deseo de obedecerle fueron más fuertes.

7. Lee Mateo 21:22, y comparte cómo la oración te ha ayudado a resistir las tentaciones en tu vida, y a tener control propio.

8. ¿Cuál es la bendición que menciona Hebreos 13:20-21?

El poder de Jesucristo producirá todo buen fruto en nuestras vidas. Dios desea equiparnos con todo lo bueno para hacer su santa voluntad.

9. Lee 1 Corintios 1:7-9, menciona cuál es la promesa que se encuentra en el versículo 8.

Dios es fiel. Observa aquí que es Dios quien nos mantendrá firmes, y sin culpa hasta el final. Nuestra parte es estar conectados a Jesús a través de la lectura de su Palabra, la oración, y la alabanza.

A través de los años el Espíritu Santo ha producido en mí el amor, el gozo, la paz, la paciencia, la gentileza, la bondad, la fidelidad, y la humildad, pero el fruto más difícil para mí ha sido el del control propio cuando se trata de comer postres.

Al principio, yo creía que no tenía control propio, pero el Espíritu Santo me recordó que en otras áreas de mi vida, sí lo tengo. Por ejemplo, Dios me ha ayudado a controlar mi temperamento cuando he sido provocada; me aconseja de no gastar dinero en cosas innecesarias, y también a controlar mis pensamientos. El Señor también me recordó de que aun cuando se trate de los postres, Él me ayuda a no pasarme más de la cuenta. Aunque lo dulce sigue siendo una debilidad en mi vida, estoy enterada de lo peligroso que puede ser para mi salud.

Gracias al Espíritu Santo no me ha dado diabetes, lo cual es una enfermedad que existe en varios miembros de mi familia. A veces mis exámenes del azúcar en la sangre han salido un poco altos, e inmediatamente le pido a Dios que me ayude a cuidarme mejor, y a seleccionar comidas que sean saludables.

Yo no sé cuáles sean tus propias debilidades, pero sí sé que Dios puede darte control propio, y ayudarte a ser más como Jesús. No te rindas, sé paciente y gentil contigo mismo. Continúa pidiéndole al Espíritu Santo que te capacite para poder resistir toda clases de tentaciones en el nombre de Jesús.

10. ¿Qué se nos instruye hacer en Tito 2:11-14?

11. ¿Qué te enseñó el Espíritu Santo acerca de todos estos frutos en este estudio bíblico?

12. ¿Cómo podemos llegar a ser cristianos fructíferos según Juan 15:5?

¿Notaste cómo los nueve frutos del Espíritu Santo se compenetran unos a otros? Por eso es llamado el Fruto del Espíritu Santo, y no "los frutos" (plural) del Espíritu Santo; porque todos los frutos provienen del mismo Espíritu de Dios formando un solo fruto. Por eso es que el amor y la paciencia pueden usarse al mismo tiempo, la paciencia y la bondad, la paz y el control propio, bondad y amabilidad, control propio y gentileza, gozo y paz. Por ejemplo, cuando Dios nos da el fruto del amor, ese mismo amor nos ayuda a ser pacientes, bondadosos, y gentiles con los demás.

Una vez más, como está descrito en la introducción de este estudio bíblico, somos fructíferos, y producimos buenos frutos cuando estamos conectados a Jesús, la Vid Verdadera. Dios nos ha dado a su Espíritu Santo para ayudarnos a vivir mejor al ser llenos de su amor, gozo, paz, paciencia, gentileza, bondad, fidelidad, humildad, y control propio.

Estos frutos son de aspecto divino porque provienen del Espíritu Santo. Podríamos tratar de obtenerlos por nuestras propias fuerzas, pero fallaremos. Por ejemplo, es muy fácil amar y ser bondadosos con las personas amables, pero muy difícil cuando nos enfrentamos con personas ásperas de carácter. Por eso es importante que oremos, y le pidamos a Dios que nos envíe su ayuda poderosa. El Espíritu Santo nos capacitará a ser fructíferos cuando se lo pidamos, y cuando tengamos un gran deseo en nuestro corazón de ser más como Jesús.

En conclusión, deja que este pasaje de la Biblia le hable a tu corazón acerca de la provisión espiritual que Dios tiene para ti.

"Pero benditos son los que confían en el Señor y han hecho que el Señor sea su esperanza y confianza. Son como árboles plantados junto a la ribera de un río con raíces que se hunden en las aguas. A esos árboles no les afecta el calor ni temen los largos meses de sequía. Sus hojas están siempre verdes y nunca dejan de producir fruto". ~ Jeremías 17:7-8

Mi oración por ti:

Que Dios te ayude con el poder de su Espíritu Santo a tener el fruto del control propio, al igual que los demás frutos. Que te bendiga y haga fuerte, y poderoso para que puedas superar las áreas débiles en tu vida, y que todo sea para su honra, y su gloria. En el nombre de Jesús, amén.

Reconocimiento

Mil gracias, *Escarlet Mar*, por animarme a publicar este estudio bíblico. Siempre recordaré el día en que nos reunimos a tomar un café y me dijiste, "una de las razones por la cual quería reunirme contigo es de que Dios quería que te preguntara cuándo ibas a escribir tu segundo libro". Muy sorprendida te contesté: "yo escribí un estudio bíblico en el 2004, pero no tenía planes de publicarlo". Nunca se me va a olvidar lo que dijiste después: "Guadalupe, solo piensa en cuantas personas serán bendecidas a través de tu segundo libro". ¡La palabra, "bendecidas" fue lo que me convenció! Esa tarde yo escribí tus palabras en mi Biblia, para recordarme lo importante que era seguir con este proyecto, y publicarlo. Gracias por haber permitido que Dios te usara como su lindo instrumento, y creer en que este estudio va a ser de bendición a muchas personas. Escarlet, le doy gracias a Dios por ti, mi amiga linda. ¡Eres una maravillosa mujer de Dios!

Estoy inmensamente agradecida querido tío, *Lawrence Dávila*, por todo su cariño, tiempo, y esfuerzo en editar este libro en inglés, y en español. Cuando le pedí a Dios de que me enviara ayuda con este plan, su nombre se me cruzó en la mente mientras oraba. No cabe duda de que Dios quería que ambos trabajáramos juntos en este proyecto de amor. Le doy gracias a Dios por su apoyo constante, consejos, y sabiduría a través de los años. ¡Lo admiro y quiero muchísimo!

Julie Williams, siempre ha sido un placer trabajar contigo como la diseñadora de libros. Gracias por haber hecho un espacio en tu ocupado horario para mí. Me da mucho gusto que hayas aceptado tomar mi proyecto, puesto que siempre haces un trabajo excelente.

Muchísimas gracias a mi amado esposo, *Eduardo D. Casillas*. Gracias, mi amor, por ayudarme con tantas sugerencias valiosas en la traducción, edición, y diseño de este breve estudio bíblico. No hubiera podido hacer este proyecto sin tu grandísima ayuda. ¡Ni en sueños me imaginé que Dios nos fuera a unir no solo como esposo y esposa, sino también para colaborar en este proyecto juntos para su honra, y su gloria! Te amo más de lo que te imaginas, mi Príncipe Azul.

Gracias a todas mis *amigas de estudios bíblicos*, por todo el apoyo, estímulo, y gran amistad. Le doy gracias a Dios por haberlas traído a mi vida. Ha sido extraordinario crecer juntas en la sabiduría del Señor durante nuestros estudios bíblicos. ¡Que Dios las bendiga a todas abundantemente!

Sobre la autora

Nacida en Nicaragua, Guadalupe emigró a California a la edad de dieciséis años donde conoció a su esposo, Eduardo. Hoy en día viven en California, con sus hijos, Ed y Andrew. Guadalupe ha estado activa en estudios bíblicos por más de treinta y siete años, y guiándolos por los últimos veinte. La enseñanza de la Biblia y el amor que le demostraron en su primer grupo de estudio bíblico, la guiaron a descubrir el maravilloso amor de Jesús, lo cual le dio el deseo de compartir la Palabra de Dios y ministrar a las mujeres.

Guadalupe tiene un gran amor por Jesús. A través del poder del Espíritu Santo ella ha animado a los que la rodean a conocer, y a sentir el gran amor de Dios. Se desempeñó durante siete años con el ministerio de Stonecroft en Folsom, California como Coordinadora de Hospitalidad, Presidenta, Coordinadora de Oración, y Coordinadora de Estudios Bíblicos. Al presente es Oradora con Stonecroft Ministries, un ministerio internacional de evangelización para mujeres.

Una amiga le sugirió que escribiera un libro de estudio bíblico para que compartiera sus experiencias con Dios. Esa misma semana, otros amigas independientemente también le sugirieron que escribiera un libro. Después de mucha oración y comentarlo con su esposo, se dio cuenta que era el plan

 de Dios que ella escribiera su segundo estudio, "Cómo amar a Dios con todo tu corazón ~ Mi testimonio y recorrido espiritual – Guía de estudio bíblico", el cual ya está publicado bajo el título en inglés, "How to Love God with All Your Heart ~ A Personal Journey & Testimonial Bible Study Guide". Durante el año 2004, Guadalupe escribió un breve estudio bíblico titulado "Más poder a través del Fruto del Espíritu Santo", titulado en inglés: "More Power Through the Fruit of the Holy Spirit", con el propósito de compartirlo solamente con sus compañeras de estudio bíblico, y después decidió publicarlo y traducirlo al español también.

La oración de Guadalupe es que seas ¡bendecido y alentado en tu caminar con Dios! Puedes visitar su página de web en **www.GuadalupeCCasillas.com**

www.ingramcontent.com/pod-product-compliance
Lightning Source LLC
Chambersburg PA
CBHW072136070526
44585CB00016B/1697